Wie sieht Frieden von innen aus?

Wie sieht Frieden von innen aus?

Kindliche Fragen

Herstellung und Verlag:
BoD Books on Demand, Norderstedt
Autor: Johann Convent
Titelbild: Claudia Ritterbex
ISBN: 9783746088693

Kinder sind weitherzig und vermögen durch den Zauber der Phantasie Dinge in ihrer Seele nebeneinander zu beherbergen, deren Widerstreit in älteren Köpfen zum heftigsten Krieg und Entweder-Oder wird.

Hermann Hesse

Wieso, Weshalb, Warum? Kinder sind neugierig, und in diesem Büchlein sind vierzig Fragen zum Hinterfragen und Beantworten versammelt. Viel Spaß beim Formulieren der Antworten.

Ich bin glücklich, du auch?

Mögliche Antworten:

Gibt es Zeit ohne Uhr?

Mögliche Antworten:

Verschenken Blumen ihren Duft an alle?

Mögliche Antworten:

Was tut Wind, wenn er nicht weht?

Mögliche Antworten:

Gibt es Nachhilfe in Leben?

Mögliche Antworten:

Können wir uns freuen ohne Grund?

Mögliche Antworten:

Wo kommen die Sterne her?

Mögliche Antworten:

Sind wir alle aus demselben Stoff?

Mögliche Antworten:

Wie weit ist der Himmel?

Mögliche Antworten:

Wer hat meine Augen gemacht?

Mögliche Antworten:

Wo wohnt die Seele?

Mögliche Antworten:

Welche Musik hören wir zuerst?

Mögliche Antworten:

Wofür ist Lachen alles gut?

Mögliche Antworten:

Ist ein Geheimnis, was keiner kennt?

Mögliche Antworten:

Wer fürchtet sich vor Licht?

Mögliche Antworten:

Ist jedes Vögelchen frei?

Mögliche Antworten:

Wie lang bleiben wir Kinder?

Mögliche Antworten:

Werden wir jeden Tag neu geboren?

Mögliche Antworten:

Wieso jammern Leute rum?

Mögliche Antworten:

Ist der liebe Gott überall?

Mögliche Antworten:

Sind alle Menschen Geschwister?

Mögliche Antworten:

Welche Sprache ist die Schönste?

Mögliche Antworten:

Tut es gut, wenn wir dem Atem folgen?

Mögliche Antworten:

Warum bringen sich Leute um?

Mögliche Antworten:

Gäb es mich ohne Sonnenschein?

Mögliche Antworten:

Passiert Leben direkt vor der Nase?

Mögliche Antworten:

Hat die Natur eine Lieblingsfarbe?

Mögliche Antworten:

Wo finden wir Frieden?

Mögliche Antworten:

Zieht uns die Mutter Erde an?

Mögliche Antworten:

Wie komm ich in mein Gehirn rein?

Mögliche Antworten:

Was ist Zärtlichkeit?

Mögliche Antworten:

Geht Ärger durch den Kopf?

Mögliche Antworten:

Ist die Welt voller Wunder?

Mögliche Antworten:

Wie funktioniert unser Sehen?

Mögliche Antworten:

Können wir das Leben lesen?

Mögliche Antworten:

Ist das Herz voll mit Mitgefühl?

Mögliche Antworten:

Lernen Leute aus bösen Fehlern?

Mögliche Antworten:

Schillert in jedem Tropfen das Meer?

Mögliche Antworten:

Sind alle Sonnenstrahlen still?

Mögliche Antworten:

Warum sind wir hier?

Mögliche Antworten: